ЭНЦИКЛОПЕДИЯ для ДЕТСКОГО САДА

Поезда

МОСКВА
РОСМЭН
2024

Такой нужный людям

Сегодня людям трудно представить свою жизнь без поездов. Многие ежедневно добираются до работы на метро или электричке. Для них это привычное дело.

Пассажирский поезд — тоже часть нашей жизни. Благодаря ему можно провести отпуск в другом городе. Не все любят летать на самолётах, поэтому выбирают для путешествий скоростные поезда.

Электричка

Пассажирский поезд

Н. Е. Сверчков. Тройка

Когда-то любая поездка была долгой и трудной: людям приходилось ездить на лошадях — верхом или в повозках. Затяжные дожди размывали дороги. В жиже застревали и лошади, и колёса. Лошади выбивались из сил, пытаясь вытащить тяжёлую повозку.

Если дорогу преграждала река, по ней сплавлялись на плотах или лодках. При бушующей непогоде это было довольно сложно сделать.

Лодка под парусом

Высокоскоростной поезд «Сокол»

С изобретением поезда дальние поездки перестали пугать людей. Теперь даже на окраины страны они добираются быстро, со всеми удобствами, с багажом и независимо от погоды.

Простые рельсы

Поезда ездят там, где проложены рельсы. Но ещё до появления железной дороги люди возили по самодельным рельсам тачки и вагонетки. Гружёные тачки шли по земле тяжело. Целыми днями люди добывали уголь, руду и камень и сильно уставали. Тогда рабочим пришло в голову, что гораздо удобнее возить тачку по доске, уложенной на землю. Такую доску назвали «лежень».

Лежневой путь

В шахте тачку возили по доскам

Позднее на рудниках появились четырёхколёсные тележки — вагонетки. На землю стали класть уже два лежня. Такие вагонетки смогли тянуть и люди, и лошади.

Вагонетка на деревянных рельсах

Тачка Вагонетка

Потом деревянные доски заменили на чугунные брусья с канавкой посередине. Дерево быстро изнашивалось, а твёрдый и гладкий чугун служил долго. По чугунным рельсам лошадь могла везти несколько вагонеток, сцепленных между собой.

Лошадь с вагонетками

Появление паровоза

Первый паровоз построили в начале XIX века. Паровозы приходили в движение от энергии, выделяемой паром. Пар давала кипящая в котле вода. Её нагревал сгоравший в топке уголь. Горячий пар был нужен, чтобы толкать специальный поршень вверх и вниз. А поршень приводил в движение колёса паровоза.

Кочегары

Паровоз вёл машинист, а уголь в топку бросал кочегар. Запас воды и угля возили с собой в вагоне-тендере.

Старинный паровоз

Паровоз был очень «прожорлив» и съедал уйму угля. Увы, бо́льшая часть угля вылетала в трубу вместе с паром.

Ветер мог занести в окно машиниста мелкие кусочки угля. Чтобы они не попали в глаза, машинист надевал большие защитные очки.

Машинист паровоза

Музейный паровоз

Сегодня паровозы есть только в музеях. Например, в музее Московской железной дороги на станции «Подмосковная». Там можно прокатиться на ретропоезде!

Кто изобрёл паровоз?

Паровоз изобрёл англичанин Ричард Тревитик. Но ещё раньше он приспособил паровой двигатель к дилижансу.

Дилижанс

Ричард Тревитик

Дилижансом называлась большая крытая карета, запряжённая лошадьми. Она перевозила пассажиров и багаж.

Ричард Тревитик заменил лошадей на паровой двигатель. Своё изобретение он назвал «Пышущий дьявол». Эта безлошадная повозка двигалась сама. Чтобы паровой двигатель не заглох, она везла с собой запас угля и воды.

«Пышущий дьявол»

Свой первый паровоз Тревитик создал для угольных копей, пустив его по чугунным рельсам. Он считал, что лошадям хватит надрываться, перевозя гружёные вагонетки. Паровоз Тревитика тянул за собой 5 вагонеток с углём и 50 пассажиров!

Паровоз Тревитика

В Лондоне Тревитик показал публике паровоз под названием «Догони меня, если сможешь». Для него была проложена кольцевая рельсовая дорога, очень короткая. Посмотреть на чудо техники собралась целая толпа! Именно его считают первым пассажирским поездом.

Паровозный аттракцион Тревитика

Первые паровозы

«Пыхтящий Билли» — самый старый из сохранившихся английских паровозов

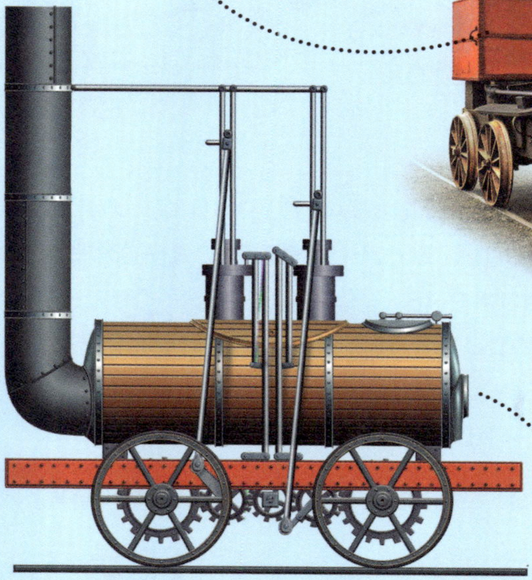

Во время испытаний «Блюхер» провёз состав из восьми гружёных повозок!

«Локомоушн», кроме грузовых вагонов, тащил открытый пассажирский вагон

«Ракета» выиграла первые соревнования паровозов на лучшее устройство
ROCKET

Этот первый российский паровоз назван в честь отца и сына Черепановых, которые его изобрели

Первые железные дороги

Самыми первыми железными дорогами пассажиры не пользовались. Эти дороги принадлежали владельцам заводов. По ним от рудников к заводам рабочие доставляли уголь и руду.

Первая железная дорога, доступная для всех желающих, была построена в Англии. Жители Стоктона и Дарлингтона соединили свои города рельсовым путём.

Первая железная дорога

Железную дорогу не спутать с другой. Только она состоит из рельсов. Рельсы уложены на шпалы. Сначала на землю насыпают щебень, гравий или песок, а сверху кладут шпалы. К шпалам крепят рельсы.

Рельсы и шпалы

Раньше шпалы делали из дерева, пропитанного смолой, потом из железа. Современные шпалы сделаны из прочного железобетона. А современные рельсы — из специальной стали.

В России первая общедоступная железная дорога прошла от Санкт-Петербурга до Царского Села

Тепловоз и электровоз

Поезд — это вагоны, которые тянет локомотив. Сами по себе вагоны не ездят — у них нет двигателя. Локомотив как раз и является их двигателем на колёсах!

Локомотив бывает тепловозом, а бывает электровозом. Тепловоз работает на дизельном топливе, а его колёса приводит в движение тепловой двигатель!

Локомотив-тепловоз

Электровоз приводит в движение электрический ток, который бежит сверху по проводам.

Электровоз

У электровоза очень большая сила — он легко тянет длинный хвост вагонов. Справится даже с шестьюдесятью! Скорость у него выше, чем у тепловоза!

Электровоз «Ермак»

Грузовой электровоз-богатырь «Ермак» ходит по Дальневосточной железной дороге.

На чём они ездят?

Паровоз

На пару

Электровоз

На электричестве

Тепловоз

На топливе

Необычные поезда прошлого

Танк-паровоз не имеет ничего общего с танком, у него нет пушек. Танками называются баки паровоза для воды и топлива

Такие бронепоезда участвовали в Первой мировой войне. В башне у них размещалась пушка

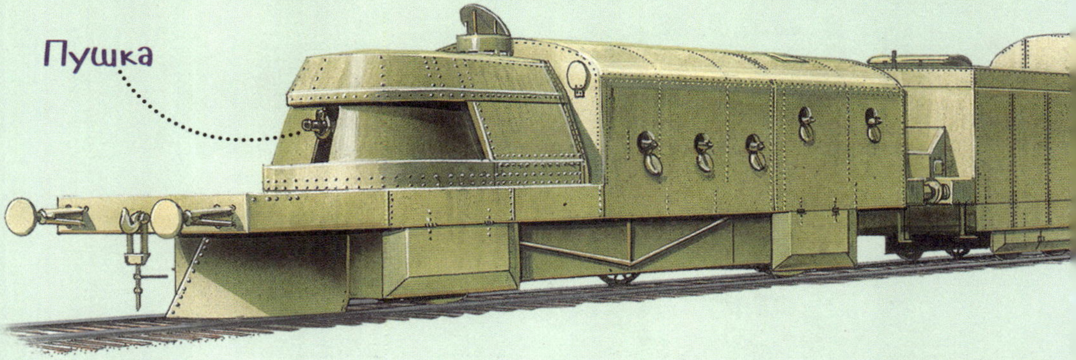

Этот самоходный железнодорожный вагон двигался с помощью воздушного винта

Быстроходный паровоз был построен для курьерских поездов. Они набирали большую скорость и не останавливались на маленьких станциях

В вагонах «Молодца» находились ракетные установки! Ракета могла выстреливать прямо из контейнера!

На крыше скоростного вагона-лаборатории было установлено два двигателя от самолёта

Тоннели и мосты

Железную дорогу строить трудно. Нужно выбрать путь между началом и концом маршрута. Он должен быть прямым и ровным. Но на пути попадаются преграды — валуны, деревья, горы, ущелья, реки. Что же делать? Убрать камни, вырубить деревья, выкорчевать пни, пробить тоннели под горами, проложить мосты через реки!

Строительство железной дороги в горах

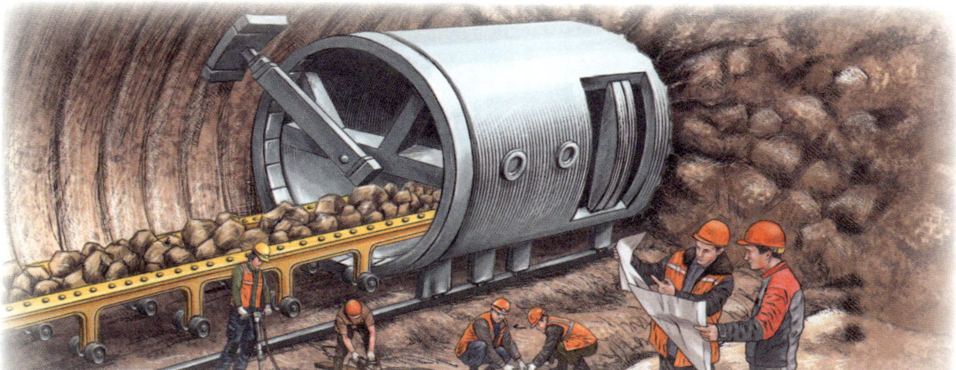

Проходческий щит

Железнодорожные тоннели под горами прокладывают с помощью специальных машин. Они называются проходческими щитами. Проходческий щит вращается и дробит горную породу. Так он проделывает в ней проход.

Поезд выехал из тоннеля под горой и движется над ущельем

Подводный тоннель построить сложнее, чем тоннель в горах. Возвести железнодорожный мост тоже непросто. По нему должен пройти железнодорожный путь. Такой мост делают очень прочным, иначе он не выдержит веса поезда и тряски вагонов.

Железнодорожный мост

Пассажирские поезда

Пассажирские поезда перевозят людей. Кто-то садится в поезд, чтобы отправиться на курорт или посетить с экскурсиями другой город, а кто-то едет в командировку.

По железной дороге интересно путешествовать: за окном проплывают посёлки и города, поля и леса. Сменяются пейзажи, мерный стук колёс убаюкивает, а еда, взятая в дорогу, кажется очень вкусной.

Вид из окна купе

Знаешь ли ты,
что Восточный экспресс описан во многих романах? В нём путешествовали знаменитые актёры, политики, писатели и даже короли.

Старинный поезд Восточный экспресс

В поездах дальнего следования пассажиры располагаются в отдельных купе. Ночью они спят на откидных верхних и нижних полках, обитых мягкой тканью.

Купе поезда

Двухэтажный поезд

По железным дорогам давно ходят двухэтажные поезда. Они вмещают вдвое больше пассажиров, чем обычные поезда.

Более ста лет назад на станциях продавались почтовые карточки «Привет с дороги». Пассажир посылал такую карточку родным или знакомым и сообщал, где он находится.

Удивительные вокзалы

Сент-Панкрас называют собором железных дорог, настолько величественный у него вид

Лондон (Англия)

Витебский вокзал – старейший в России

Санкт-Петербург (Россия)

Западный вокзал напоминает китайскую букву – иероглиф

Пекин (Китай)

Центральный вокзал — один из самых красивых в мире

Антверпен (Бельгия)

Старый железнодорожный вокзал уже не действует, но в нём открыт музей, посвящённый железным дорогам

Куала-Лумпур (Малайзия)

У главного входа Центрального вокзала пассажиров встречают великаны со светильниками в руках

Хельсинки (Финляндия)

Необычные маршруты

Транссибирская магистраль — самая длинная железная дорога в мире! Она проходит по России и пересекает почти весь материк Евразия! Поездка по ней из Москвы во Владивосток занимает почти неделю.

Поезд «Россия»

По Транссибирской магистрали курсирует поезд «Россия». Он окрашен в цвета нашего флага.

Сто лет назад Кругобайкальская железная дорога была частью Транссибирской магистрали. Сейчас она превратилась в тупиковый участок Байкал — Слюдянка. Но туристы съезжаются сюда, чтобы полюбоваться красивыми видами природы и своими глазами увидеть эту необычную дорогу.

Поезд с туристами

Озеро Байкал

Её строительство было невероятно сложным. Лес в этих местах рубить запрещено, поэтому его привозили по озеру Байкал издалека: летом — на баржах, зимой — по льду. В Сибири жаркое лето, дождливая осень и холодная зима. На пути у рабочих лежали горы, долины рек, овраги. Их ждали обвалы и камнепады. Рабочие построили 39 тоннелей и более 450 мостов!

Строительство железной дороги

Знаешь ли ты,

что город Слюдянка находится на берегу озера Байкал? Это самое большое и глубокое пресноводное озеро в мире. А вокзал Слюдянки сделан из белого мрамора. Таких вокзалов нет больше нигде!

Товарные поезда

Товарные поезда перевозят разные грузы: жидкие, твёрдые, хрупкие, сыпучие, быстропортящиеся.

Товарный вагон

Не все вагоны одинаковые, но у всех есть кузов. Правда, свой, особый. Всё зависит от того, что в нём везут: нефть, брёвна, мебель или живую рыбу.

Вагон-контейнер

Вагоны бывают открытыми и крытыми. Крытые вагоны защищают груз от дождя, снега и ветра.

Пол есть у всех вагонов, а потолок — нет. Его не найдёшь у вагона-платформы. Чтобы брёвна или трубы не скатывались, по бортам платформы крепят прочные стойки.

Вагон-платформа

Полувагон с открытыми люками

Полувагон

Полувагон похож на товарный вагон со срезанным верхом. В полувагонах перевозят камни, уголь, руду. Все эти материалы удобнее насыпать в вагоны без крыши.

Вагон для перевозки домашнего скота

Сим-сим, откройся!

У вагонов с песком или углём специальное дно. Оно не сплошное, а из люков, закрытых откидными крышками! Когда открывают запоры, которые удерживают крышки, груз высыпается.

Вагон-самосвал

Автомобиль-самосвал

Для сыпучих грузов придуманы и вагоны-самосвалы. Их кузов может наклоняться, как у автомобиля-самосвала.

Есть крыши с загрузочными щелями, прикрытыми створками. А есть с люками, через которые наливают жидкость.

Раздвижным бывает не только дно вагона, но и крыша

Необычный полувагон перевозит битум. Битум — вязкое вещество, которое получают из нефти. Он нужен для строительства дорог. На платформе такого полувагона находится несколько бункеров. У них створчатые крышки. Чтобы битум не застыл, он изнутри обогревается паром.

Люк вагона-цистерны

Створчатая крышка

Бункеры

Полувагон для битума

Знаешь ли ты,
что железнодорожный путь должен быть исправным и чистым — без мусора и снега? За этим следят путевые рабочие. Их яркие оранжевые жилеты видны издалека.

Для самых разных грузов

В вагоне-холодильнике доставляют продукты

В вагоне-термосе перевозят напитки

Люк

В вагон-цистерну заливают нефть

В хоппере-зерновозе переправляют зерно

В бункерном вагоне перевозят муку

На двухъярусной платформе автомобилевоза «пассажирами» становятся автомобили

В ковше шлаковоза находится жидкий шлак. Из шлака делают кирпичи и черепицу

Высокоскоростные поезда

Сегодня есть поезда, скорость которых приближается к скорости самолёта! Поездка на них занимает столько же времени, сколько длится авиаперелёт. Аэропорты построены за городом, а железнодорожные вокзалы — в центре города, что удобнее для многих пассажиров.

Высокоскоростной поезд

Высокоскоростной поезд не может ходить по обычной железной дороге. Для него прокладывают специальный путь. Он прямой, как стрела, почти без поворотов и подъёмов. Поезду нельзя замедлять ход!

В Японии ходит «поезд-пуля». Его нос напоминает оружейную пулю. Он так вытянут, что рассекает воздух, почти не встречая сопротивления. Мчится этот поезд на огромной скорости!

«Поезд-пуля»

Поезд TGV

Удобные и быстрые скоростные поезда ходят во Франции. Они называются TGV (ТЖВ).

От Москвы до Санкт-Петербурга и обратно можно доехать на высокоскоростном поезде «Сапсан». Дорога займёт около четырёх часов.

Поезд «Сапсан»

Знаешь ли ты,

что если проложить высокоскоростную магистраль от Москвы до Владивостока, то поездка на поезде займёт не неделю, а двое суток?!

Магле́в

Самые быстрые поезда в мире работают на электричестве, но у них нет обычных колёс. Колёса трутся о рельсы и сдерживают ход поезда. Поэтому придуман маглев — поезд на магнитной подушке.

Маглев

Этот бесколёсный поезд состоит как бы из двух магнитов. Один — это сам поезд, а другой — магнитный путь. Давно известно свойство магнитов не только притягиваться, но и отталкиваться. Не касаясь поверхности рельса, поезд-магнит скользит по воздуху с невероятной скоростью! Движется он бесшумно и плавно.

Мчащийся маглев

В некоторых странах по железным дорогам ходят поезда на магнитной подушке без машинистов! Ими управляют сложные компьютеры. Люди в специальном центре, расположенном на вокзале, только контролируют точность их работы.

Поезд будущего

Знаешь ли ты,
что в России высокоскоростной поезд на магнитной подушке запустят к 2030 году?

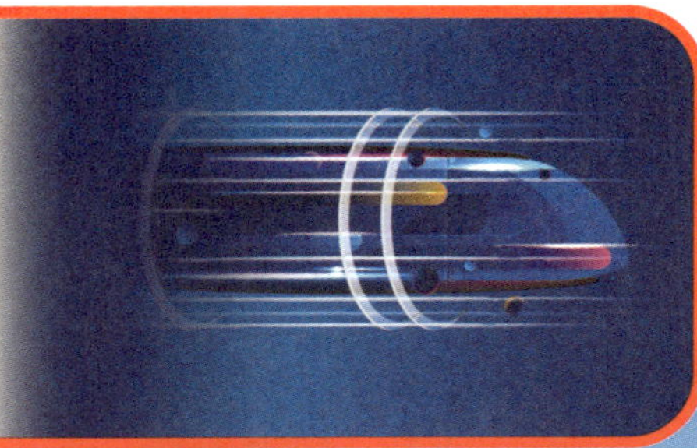

По крутым склонам

Поезда ходят даже в горах! По крутым горным склонам проложена зубчатая железная дорога. У такой дороги между двумя обычными рельсами находится третий — зубчатый!

Зубчатый рельс и колесо

У локомотива поезда зубчатые колёса! Они цепляются за зубчатый рельс и тянут поезд.

Знаешь ли ты,

что самая высокогорная железная дорога — в Андах? Подъём на ней крутой и длительный, поэтому в вагонах есть баллоны с кислородом. Пассажирам трудно дышать на такой высоте.

Крутые подъёмы может преодолеть фуникулёр. Он идёт по короткому рельсовому пути, устроенному на склоне горы. Его вагончик похож на трамвайный. По рельсам его тянет трос. Перематывают трос с помощью электродвигателя.

Фуникулёр

Знаешь ли ты,
что в Индии тоже есть горная железная дорога? Проезжая по ней в ясную погоду, можно увидеть самую высокую гору мира — Эверест.

Как движется вагон фуникулёра и вагон канатной дороги?

Фуникулёр

Канатная дорога

Вагон фуникулёра — по рельсам,
а вагон канатной дороги — по тросу над землёй

Монорельс

На монорельсовой дороге поезда движутся по одному рельсу. Первый монорельс был построен в Подмосковье двести лет назад. Рельс был уложен на врытые в землю столбы и приподнимался над землёй. По нему катились тележки с коробами. Тянули тележки лошади. Дорога была придумана для перевозки камня.

Первый монорельс

Сегодня монорельсовые дороги прокладывают и над землёй, и по земле, и под землёй.

Немецкий город Вупперталь — небольшой, с узкими кривыми улочками. По ним нельзя проложить трамвайные пути! Пришлось построить подвесную железную дорогу. Она перевозит пассажиров над протекающей через город рекой Вуппер.

Подвесная дорога в Вуппертале

Во многих городах мира над улицами возведены эстакады, по которым проходит монорельсовая дорога. По ней ездят монорельсовые поезда. Они не мешают ни автобусам, ни автомобилям, мчащимся под эстакадой.

Эстакада

Наземный участок монорельсовой дороги

Знаешь ли ты,
что монорельсовые дороги больше подходят для тёплых стран, где нет снежных зим? Во время снегопада на рельс налипает снег. Это может привести к остановке поезда.

Подземная железная дорога

Без метро нельзя представить жизнь огромного города. Поезда метро ходят под землёй, хотя на многих ветках есть наземные участки пути и наземные станции. Поезда метро быстро, без пробок, довозят пассажиров в центр города или на его окраины.

Турникет

На платформе метро

На станцию метро попадают через турникет. В Московском метро карточку прикладывают к жёлтому кругу на турникете справа от себя. Когда загорается зелёный сигнал, можно проходить!

Зал станции «Площадь революции»

Эскалаторы

К платформе станции пассажиров привозят эскалаторы. Там, где эскалаторов нет, люди спускаются к поезду метро по лестнице.

Знаешь ли ты,
что Московское метро — одно из самых красивых в мире? Над оформлением его станций трудились знаменитые художники.

Поезда метро ходят по подземным тоннелям. Под городскими улицами может быть проложено несколько пересекающихся тоннелей.

Тоннели метро под улицей города

Ничего себе!

Этот тайваньский поезд считается одним из самых красивых

Восемь таких локомотивов тянули самый длинный поезд в мире из 682 вагонов!

Так необычно выглядит японский экспресс

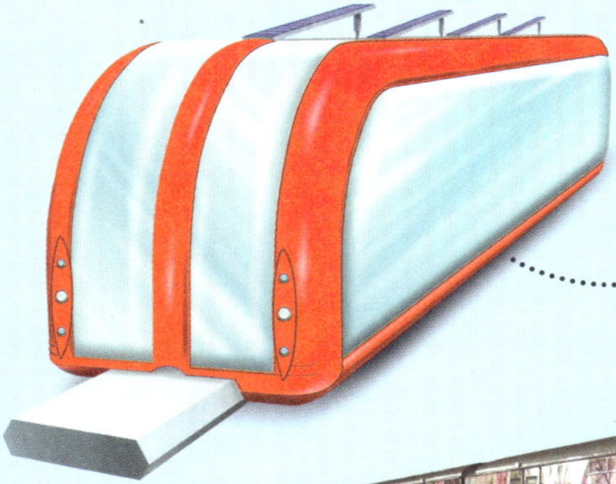

Изобретатели пытаются создать поезд, который будет работать на солнечных батареях!

Поезд «Акварель» ходит в Московском метро. Снаружи на нём нарисованы цветы, а в его вагонах висят картины!

Этот поезд перевозит автомобили, автобусы и мотоциклы по подводной железной дороге. Она проходит в тоннеле под проливом Ла-Манш и соединяет Англию и Францию

Кто работает в поезде

Машинист поезда

Поезд ведёт машинист, сидя в кабине за пультом управления. Он начинает движение поезда, тормозит, меняет скорость. В этом ему помогают кнопки и рычаги на пульте.

Проводник поезда

Хозяин вагона — проводник. У каждого вагона он свой. Проводниками работают и женщины, и мужчины. В пути проводник делает уборку, выносит мусор, кипятит воду в титане, разносит чай и еду.

Поезд обслуживает целая поездная бригада. Машинист и проводники — только часть команды.

Проводница

Начальник поезда

Электрик

Официант вагона-ресторана

Правила поведения

• Нельзя пересекать железнодорожные пути в неположенном месте. Для безопасного перехода построены пешеходные мосты и подземные переходы.

• Опасно находиться вблизи путей, когда по ним проходит высокоскоростной поезд. Поток воздуха от его движения может сбить человека с ног и затянуть под колёса.

• На перроне нельзя шалить, бегать, толкаться, отвлекаться на игры. Любая неосторожность может привести к падению на рельсы.

• Входить в вагон и выходить из него можно только после полной остановки поезда.

• Перед посадкой в вагон нужно дать выйти прибывшим пассажирам, а потом входить самому.

• Нельзя сбрасывать мусор и ронять предметы на рельсы.

УКАЗАТЕЛЬ

СОДЕРЖАНИЕ

УДК 087.5
ББК 92

Научно-популярное издание
Для дошкольного возраста
Серия «Энциклопедия для детского сада»

Гальцева Светлана Николаевна

ПОЕЗДА

Художники: М. О. Дмитриев, А. Н. Позиненко, А. Н. Савельев, А. В. Свербута

Обложка В. И. Никандровой

Ответственный редактор Л. В. Клюшник
Художественный редактор А. В. Свербута
Технический редактор А. Т. Добрынина
Корректор Л. А. Лазарева
Верстка В. В. Никитина

Иллюстрации: www.shutterstock.com
Издание подготовлено в компьютерном центре издательства «РОСМЭН».

Подписано в печать 15.03.24. Формат 70×90 1/16. Бумага офсетная.
Печать офсетная. Усл. печ. л. 3,51. ID 35064. Тираж 4000 экз. Заказ № 2402730.

ООО «РОСМЭН».
Почтовый адрес: 125167, г. Москва, Ленинградский просп., д. 36, стр. 11.
Юридический адрес: 117465, г. Москва, ул. Генерала Тюленева, д. 29, корп. 1, 1-й эт., пом. II, комн. 1, 2, 3.

www.rosman.ru

ОТДЕЛ ПРОДАЖ:
(495) 933-71-30.

0+
Знак информационной продукции согласно Федеральному закону от 29.12.2010 г. № 436-ФЗ

Дата изготовления: апрель 2024 г.
Отпечатано в России.

Ғылыми-танымал басылым
Мектепке дейінгі жастағы балаларға арналған
Өндірілген күні: сәуір 2024.
Ресейде басылған.
Өндіруші: «РОСМЭН» ЖШҚ. Заңды мекен-жайы: Ресей,
117465 Мәскеу қ., Генерал Тюленев к., 29-үй, 1-корп., 1-қаб., II-жай, 1, 2, 3-бөл.
Нақты мекен-жайы / пошталық мекен-жайы:
Ресей, 125167, Мәскеу қ., Ленинград даңғылы, 36-үй, 11 құрылыс.
Тел.: +7 (495) 933-71-30.
Наразылықтарды қабылдауға уәкілетті тұлға: «РОСМЭН» ЖШҚ.
www.rosman.ru
Тауар КО ТР 007/2011 сәйкес сертификатталған

Отпечатано в полном соответствии с качеством
предоставленного электронного оригинал-макета
в ООО «Ярославский полиграфический комбинат»
150049, Россия, Ярославль, ул. Свободы, 97

Гальцева, Светлана Николаевна.
Г177 Поезда / С. Н. Гальцева ; худож. М. О. Дмитриев, А. Н. Позиненко, А. Н. Савельев и др. — М. : РОСМЭН, 2024. — 48 с. : ил. — (Энциклопедия для детского сада).

Книга серии «Энциклопедия для детского сада» познакомит ребенка со старинными и современными поездами. Он узнает, для чего придуманы поезда, какими они бывают, чем паровоз отличается от электровоза, а фуникулер — от вагона канатной дороги.

ISBN 978-5-353-08879-0

УДК 087.5
ББК 92